First Picture Dictionary
Animals

Prvi ilustrovani rečnik
Životinje

Pig
Svinja

Butterfly
Leptir

Rabbit
Zec

Fox
Lisica

Illustrated by Anna Ivanir

www.kidkiddos.com
Copyright ©2025 by KidKiddos Books Ltd.
support@kidkiddos.com

All rights reserved. No part of this book may be reproduced in any form or by any electronic or mechanical means, including information storage and retrieval systems, without written permission from the publisher, except in the case of a reviewer, who may quote brief passages embodied in critical articles or in a review.
First edition, 2025

Library and Archives Canada Cataloguing in Publication
First Picture Dictionary – Animals (English Serbian Latin Bilingual edition)
ISBN: 978-1-83416-747-3 paperback
ISBN: 978-1-83416-748-0 hardcover
ISBN: 978-1-83416-746-6 eBook

Wild Animals
Divlje životinje

Hippopotamus
Nilski konj

Panda
Panda

Fox
Lisica

Rhino
Nosorog

Deer
Jelen

Moose
Los

Wolf
Vuk

✦ A moose is a great swimmer and can dive underwater to eat plants!

✦ *Los je odličan plivač i može da zaroni pod vodu da jede biljke!*

Squirrel
Veverica

Koala
Koala

✦ A squirrel hides nuts for winter, but sometimes forgets where it put them!

✦ *Veverica skriva orahe za zimu, ali ponekad zaboravi gde ih je stavila!*

Gorilla
Gorila

Pets
Ljubimci

Canary
Kanarinac

✦ *A frog can breathe through its skin as well as its lungs!*
✦ *Žaba može da diše kroz kožu, kao i plućima!*

Guinea Pig
Zamorče

Frog
Žaba

Hamster
Hrčak

Goldfish
Zlatna ribica

Dog
Pas

✦ *Some parrots can copy words and even laugh like a human!*
 ✦ *Neki papagaji mogu da ponavljaju reči, pa čak i da se smeju kao ljudi!*

Parrot
Papagaj

Cat
Mačka

Animals at the Farm
Životinje na farmi

Cow
Krava

Chicken
Kokoška

Duck
Patka

Sheep
Ovca

Horse
Konj

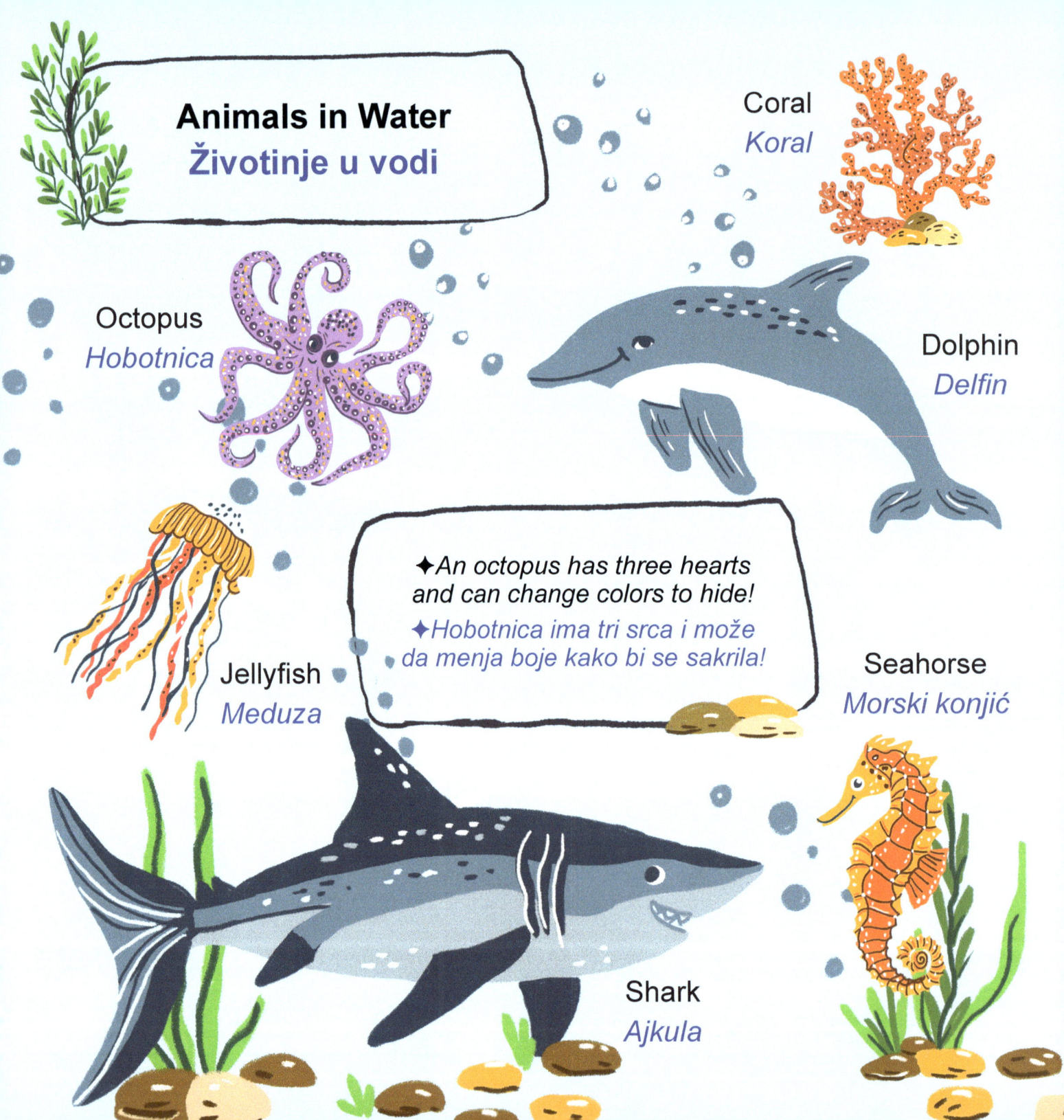

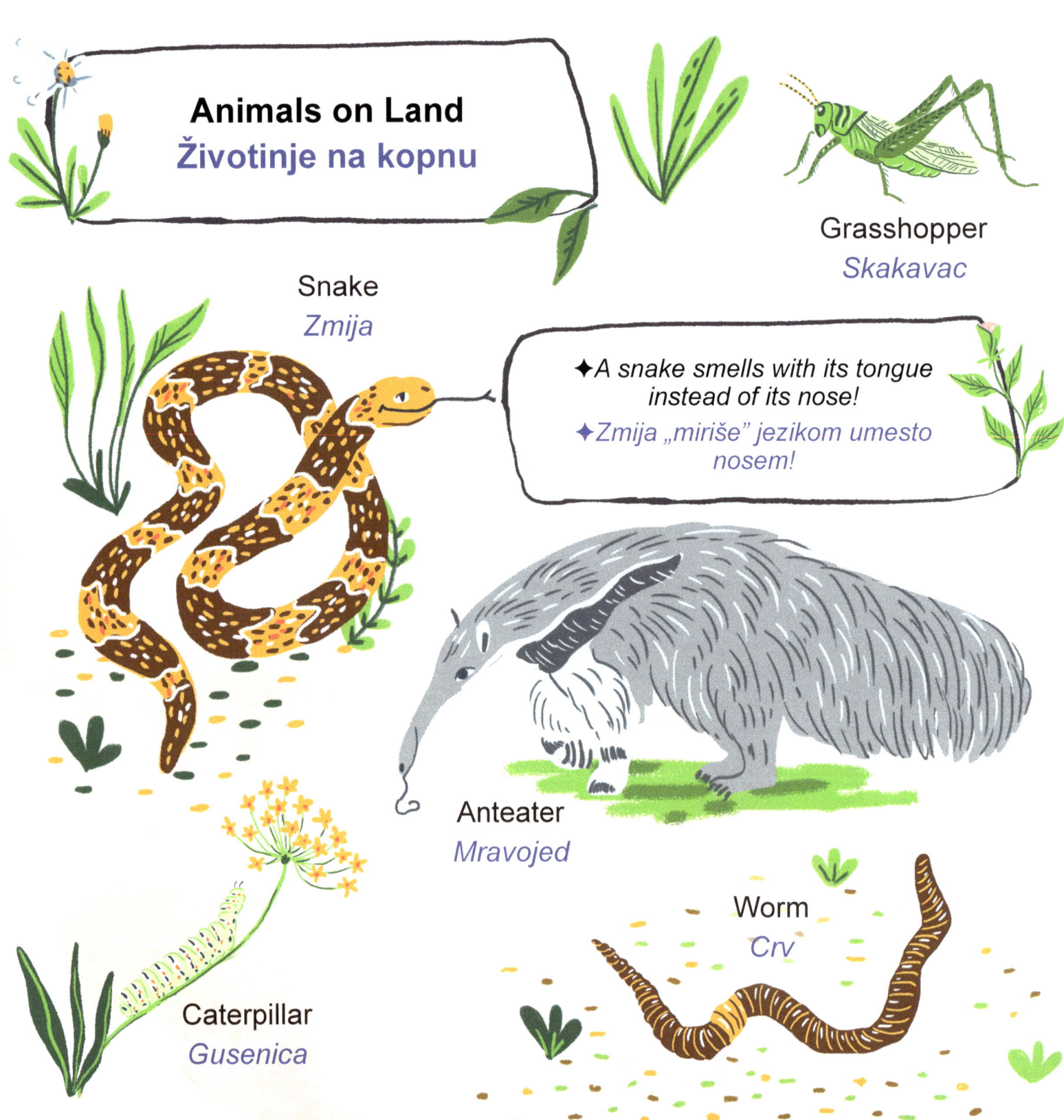

Badger
Jazavac

Porcupine
Bodljikavo prase

Groundhog
Mrmot

✦ A lizard can grow a new tail if it loses one!
✦ *Gušteru može da izraste novi rep ako izgubi stari!*

Lizard
Gušter

Ant
Mrav

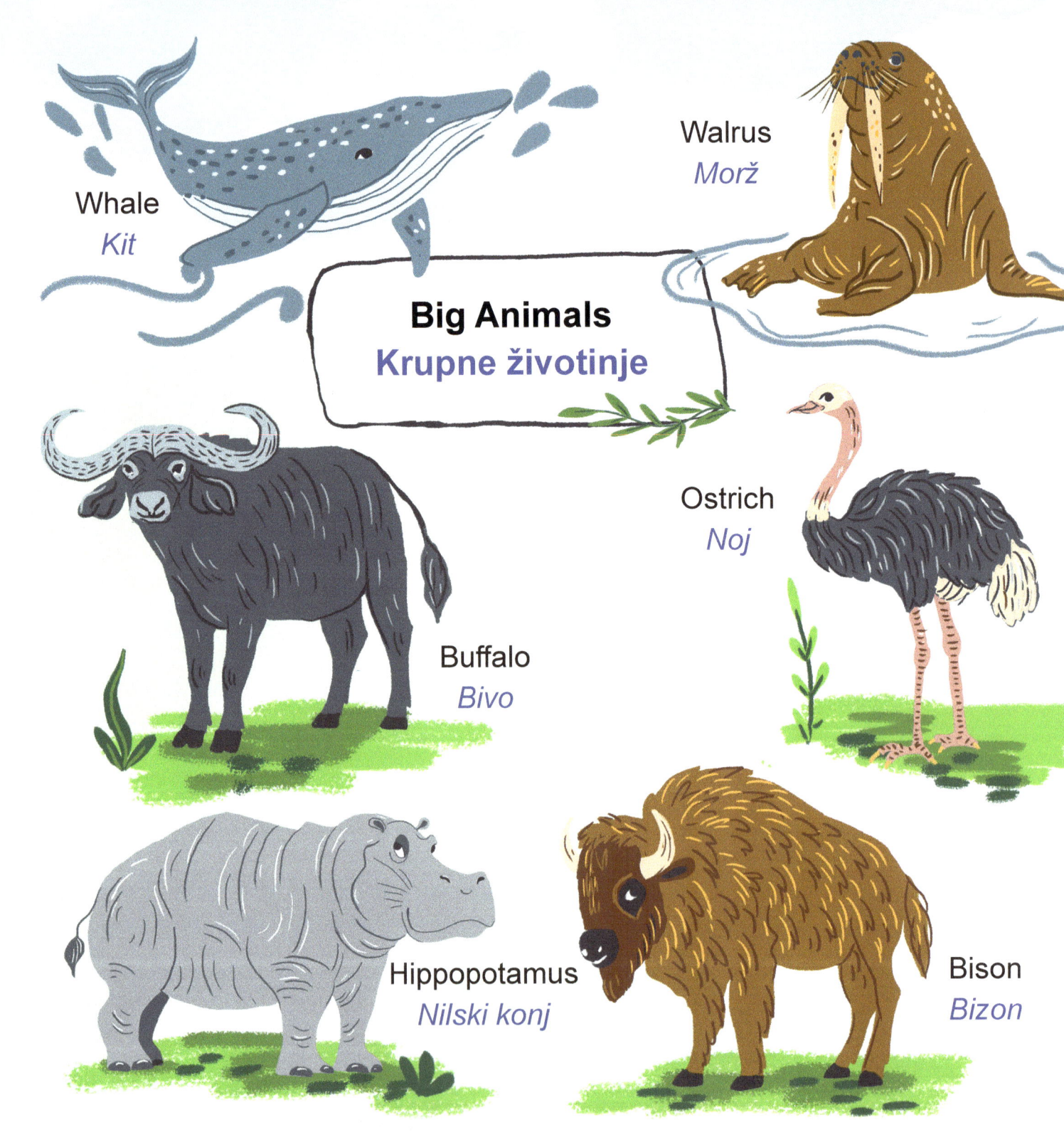

Small Animals
Male životinje

Chameleon
Kameleon

Spider
Pauk

✦ *An ostrich is the biggest bird, but it cannot fly!*
　✦ *Noj je najveća ptica, ali ne može da leti!*

Bee
Pčela

✦ *A snail carries its home on its back and moves very slowly.*
　✦ *Puž nosi svoju kuću na leđima i kreće se veoma sporo.*

Snail
Puž

Mouse
Miš

Quiet Animals
Tihe životinje

Turtle
Kornjača

Ladybug
Bubamara

✦ A turtle can live both on land and in water.
✦ *Kornjača može da živi i na kopnu i u vodi.*

Fish
Riba

Lizard
Gušter

Owl
Sova

Bat
Šišmiš

✦An owl hunts at night and uses its hearing to find food!
✦*Sova lovi noću i koristi svoj sluh da pronađe hranu!*

✦A firefly glows at night to find other fireflies.
✦*Svitac svetli noću da bi pronašao druge svice.*

Raccoon
Rakun

Tarantula
Tarantula

Colorful Animals
Šarene životinje

A flamingo is pink
Flamingo je roze

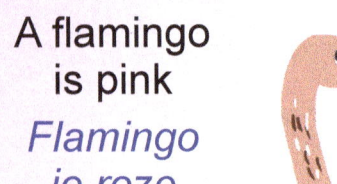

An owl is brown
Sova je braon

A swan is white
Labud je beo

An octopus is purple
Hobotnica je ljubičasta

A frog is green
Žaba je zelena

✦ A frog is green, so it can hide among the leaves.
✦ *Žaba je zelena, pa može da se sakrije među lišćem.*

Animals and Their Babies
Životinje i njihove bebe

Cow and Calf
Krava i tele

Cat and Kitten
Mačka i mače

✦ A chick talks to its mother even before it hatches.
✦ *Pile „razgovara" sa svojom mamom čak i pre nego što se izlegne.*

Chicken and Chick
Kokoška i pile

Dog and Puppy
Pas i štene

Butterfly and Caterpillar
Leptir i gusenica

Sheep and Lamb
Ovca i jagnje

Horse and Foal
Konj i ždrebe

Pig and Piglet
Svinja i prase

Goat and Kid
Koza i jare

www.ingramcontent.com/pod-product-compliance
Lightning Source LLC
LaVergne TN
LVHW072058060526
838200LV00061B/4767